DANIEL G. BRAVO

MISERICORDIA: CENTRO DEL CRISTIANISMO

PRIMERA EDICION

El Bon Samarità (1838), Pelegrí Clavé I Roquer

SAN MARCOS
DE LEON

Decree

THOMAS G. WENSKI

by the grace of God and favor of the Apostolic See
Archbishop of Miami

The three books *"Luke 15: The Father of the Divine Mercy, Lucas 15: El Padre de la Divina Misericordia, and Misericordia: Centro del Cristianismo"* have been carefully reviewed and found free of anything which is contrary to the faith or morals as taught by the Roman Catholic Church.

Therefore, in accord with canon 824 of the *Code of Canon Law*, I grant the necessary *approbatio* for the publications of *"Luke 15: The Father of the Divine Mercy, Lucas 15: El Padre de la Divina Misericordia, and Misericordia: Centro del Cristianismo."*

This *imprimatur* is an official declaration that these texts are free of doctrinal or moral error and may be published. No implication is contained therein that the one granting this *imprimatur* agrees with the contents, opinions or statements expressed by the author of the texts.

Given in Miami, Florida, on the 12 of June in the Year of our Lord Two Thousand and Fifteen.

+ Thomas Wenski

Archbishop of Miami

Attestatio et Nihil Obstat

Cancellarius

AGRADECIMIENTO:

A Dios, que por su Misericordia, permite a este su servidor, Amarle y Servirle.

Señor,

Por el pasado te pido Misericordia,

Por el presente te pido que me des Amor para Amarte sobre todas las cosas y para convertirlo en Misericordia al Prójimo.

Y por el futuro te pido Fe para aceptar Tu Santa

Voluntad, que es el Amor y la Misericordia misma, Amen.

Versión meditada de la oración de San Pío de Pietrelcina ver Pag. 36

CONTENIDO:

Introducción

Este libro ha sido escrito en función de responder a estas dos preguntas:

¿Cuál es el centro del mensaje que Jesús trajo al mundo?

¿Qué quiere Jesús del mundo?

A estas dos preguntas, los cristianos deberíamos responder inmediatamente, sin tener que pensar siquiera en las respuestas, las respuestas deberían estar grabadas en nuestros corazones y nuestras vidas deberían ser reflejo y ejemplo de esas respuestas.

Invito al lector a navegar por las páginas de este libro, para que descubra las respuestas a estas dos preguntas, que parecen sencillas, pero que juzgando el mundo en el que vivimos, aún no han sido plenamente entendidas.

Este libro, desde el principio hasta el fin, busca responder a estas preguntas, buscando que página tras página, el lector vaya encontrando y descifrando las respuestas y que cuando llegue al final, entienda un poco más cuál es el centro del mensaje de Jesús.

Jesús nos dio una infinidad de mensajes, desde su nacimiento hasta su Ascensión al Cielo, desde el primer libro de la Biblia, Génesis, hasta el último libro, el de las Revelaciones, desde el principio del tiempo y lo hará hasta el final.

Dios no ha dejado de darnos mensajes, no ha dejado de hablarnos, desde la Ascensión al cielo de Jesús y la llegada del Espíritu Santo, el Señor ha seguido hablándonos a través de la Iglesia que El mismo fundó y que dejó en manos de San Pedro y sus Apóstoles.

Nuestra Iglesia es Apostólica justamente porque Jesús se la dejó a los Apóstoles, quienes iluminados por el Espíritu Santo, continuaron con el mensaje y ejemplo de Jesús.

Desde la llegada del Paráclito (Espíritu Santo), la Iglesia Católica no ha dejado de crecer, hoy contamos con más de mil doscientos millones de católicos creyentes que, sumados a los otros cristianos, sumamos más de dos billones.

El Espíritu Santo no ha dejado de hablarle a hombres y mujeres en todos estos siglos, en cada generación hemos contado con hombres y mujeres, que con su ejemplo, nos han demostrado que el mensaje de Jesús esta tan vivo hoy, que cuando vivió entre nosotros hace 2000 años.

El mensaje de Jesús fue tan fuerte y contundente, que pasan los siglos y seguimos maravillándonos.

Todo lo que hizo Jesús desde su nacimiento, es un ejemplo de vida, especialmente para los que creemos en El. Solo Dios hecho hombre, podría haber cumplido con las profecías y podría habernos dado tantas enseñanzas de manera que, aún hoy, seguimos aprendiendo y sorprendiéndonos. Su mensaje no ha pasado de moda, todo lo contrario, está más vigente que nunca.

El Mensaje de Jesús moldeó Occidente y Occidente moldeó al mundo, por lo menos el mundo en el que vivimos. En la actualidad existen valores en el mundo que no existirían si no fuera por el mensaje de la segunda persona de la Santísima Trinidad.

¿Pero cuál es ese mensaje radical que cambio el mundo?

Todo cristiano debería estar claro de este mensaje. El problema es que si así fuera, el mundo sería mucho mejor de lo que es. ¿Qué ha pasado entonces?

La verdad es que la gran mayoría de los Cristianos hemos sido culpables, de una forma u otra, queriéndolo o no, de que sucediera una distorsión en el mensaje de Cristo, permítanme dar unos cuantos ejemplos: La falta de educación en la Fe de nuestros hijos y de los hijos de nuestros hijos, la concentración en el legalismo de la Religión en contraposición de nuestro propio ejemplo y del ejemplo de nuestros líderes religiosos, entre otras muchas razones, han jugado un papel importantísimo en esta pérdida del Mensaje por el que Cristo murió en la Cruz.

El Catolicismo despertó a mediados del siglo XX, gracias al Concilio Vaticano Segundo, hoy los Católicos nos estamos educando más y cada día somos más los Laicos que enamorados del mensaje de Dios, buscamos instruirnos e instruir a nuestro prójimo. El objetivo: Llevar el mensaje de Alegría del Evangelio a este mundo que tanto lo necesita.

El mensaje de Dios, es un mensaje de ALEGRIA, Dios quiere lo mejor para nosotros, nos quiere libres, tomando decisiones libres, pero también nos quiere tomando las decisiones correctas.

Pero, es justamente en las decisiones, en donde está el problema; vivimos en una constante toma de decisiones, y cada una nos acerca o aleja de Dios. Vivimos en un mundo convulsionado, lleno, repleto de variables, los hombres y las mujeres de hoy, estamos expuestos a decenas de situaciones que, de una u otra forma nos moldean el día a día, haciendo de la realidad cotidiana un verdadero reto.

Los hombres y mujeres del siglo XX y del siglo XXI hemos vivido la era de la humanidad con la mayor proliferación de inventos y descubrimientos que jamás habíamos experimentado. Pasamos en pocos años, de aprender a volar a llegar a la Luna, pasamos de inventar el telégrafo al teléfono, luego al Celular y hoy al celular inteligente, y así en casi todo. Hoy estamos expuestos a tecnologías, situaciones y problemas que la humanidad nunca antes tuvo.

La humanidad hoy está atrapada en sus propios inventos, atrapados en películas violentas, cine cargado de sexo, televisión vacía, internet lleno de pornografía e información vacía, nos hemos convertido en esclavos de las telecomunicaciones, nuestros hijos viven en un mundo en el que la pornografía está en la palma de sus manos en forma de pantalla de teléfono, viviendo un mundo de "Social Media" en donde el hedonismo es la norma, los "Selfies" se toman a diario y los adolescentes están adictos a ellos, los jóvenes idolatran a los artistas de los Reality Tv, del Cine y de la Música, los llaman estrellas y quieren ser como ellos.

Habrá quien debata que la humanidad siempre ha tenido ídolos de este tipo, a quienes hemos seguido desde que el mundo es mundo y que hemos sido siempre presa de los problemas de cada generación, pero no debemos mentirnos, debemos reconocer que vivimos en un mundo con un altísimo nivel de exposición a estas situaciones, nunca antes vivido por el ser humano, y, lo que es peor aún, desconocemos los efectos a largo plazo de muchas de las tendencias actuales.

Nos hemos creado un mundo, sí, nosotros lo hemos creado, en el cual estamos en cierto sentido "presos", sí, "presos", basta con preguntarnos: ¿cómo vivir sin internet, como vivir sin celulares inteligentes, como vivir sin el cine y la televisión? Nos aislaríamos del mundo y quedaríamos fuera, sin poder entendernos con el resto, incluidos nuestros hijos, familiares y amigos. Sabemos que la aislarse no es la solución.

La única solución es la identificación del problema, y colaborar con la solución y la solución es ir en contra de las cosas negativas y malas del mundo, no se trata de ir en contra de los hombres y mujeres del mundo, todo lo contrario, se trata más bien de querer el bien para todos, cuantas más personas identifiquen el problema y colaboren con la solución, mejor estará el mundo en el que vivimos y viviremos rodeados de mejores valores, es por eso que como Católicos, como Cristianos, tenemos la responsabilidad de exponer lo que está mal en este mundo de siete billones de personas con las que coexistimos.

Lastimosamente las cosas que están mal en el mundo, como el hedonismo, el egoísmo, la promiscuidad, el sexo desordenado, la falta de valores éticos, la falta de responsabilidad y la búsqueda incesante de la satisfacción personal, son constantes en el mundo actual, en donde basta ver las consecuencias, ver las estadísticas: tasas de divorcios, suicidios, aumento en la homosexualidad, aumento de enfermedades de transmisión sexual, etc., vemos también valores familiares cada vez más distorsionados, parejas del mismo sexo que quieren adoptar hijos o peor aún, alquilar vientres, que quieren redefinir el significado del matrimonio, todos los días vemos también familias destruidas por las drogas, por el alcoholismo los abortos están en niveles escandalosos y se han vuelto parte de la cultura, cada vez se habla más acerca de eutanasia, se idolatra la fama y el dinero, sin importar la procedencia ni el esfuerzo, podríamos hacer una lista larguísima de situaciones como estas. Este es el Mundo en el que vivimos, nos guste o no, así es.

¿Pero cómo, los hombres y mujeres de hoy, justificamos todas estas aberraciones en las que hemos caído y en las que vivimos cotidianamente?

¿Qué mensaje puede habernos dado el "mundo", para que hayamos caído tan bajo?

EL MENSAJE DEL "MUNDO"

Este "mundo" nos dice que debemos ser "felices", que debemos buscar la felicidad propia, que es en la "felicidad" donde está la solución a nuestros problemas, que ése es el secreto. Frases como: La vida es "corta" y hay que disfrutarla, es de las más comunes hoy en día, y que los que no la "disfrutamos" simplemente es porque somos unos santurrones que nos la estamos perdiendo.

¿Te fastidia tu esposa? El "mundo" nos dice:

Déjala, búscate otra que no te fastidie, divórciate o abandónala, que otro críe a tus hijos y tú cría los hijos de otro. Eso sí, no te preocupes por incesto, y, sobre todo, el ejemplo que les estás dando a tus hijos.

¿Te fastidian tus hijos? El "mundo" nos dice: Tranquilo, cumplen 18 y se van, no te preocupes por con quien se casan, ni tampoco de sus hábitos, total, ellos ya son adultos y "responsables" de su propio futuro. Eso sí, no te preocupes si caen en drogas, relaciones dañinas, sexo desordenado, etc. Nada de eso importa, solo tendrán que vivir con las consecuencias toda su vida.

¿Tus familiares te molestan? El "mundo" nos dice: Deja de hablar con ellos, aléjate de ellos, solo naciste y sólo has de morir, total, cada quien que se ocupe de su problema. Eso sí, cuando te vengan a tocar la puerta porque todo salió mal, ahí te acordarás de tu mala decisión.

¿Tu mujer, novia o amante está embarazada y no quieres ese Bebé porque viene "defectuoso" o porque no tienes "suficiente" dinero para mantenerlo, ¿porque te vas a complicar? El ¨mundo¨ te dice, abórtalo y se termina el problema. Eso sí, no te quejes cuando tu hija o hijo te cuenten que han hecho lo mismo, además de todos los problemas psicológicos que marcan la vida de todas esas mujeres y hombres que deciden abortar.

¿Ser responsable con las finanzas? El ¨mundo¨ nos dice: ¿Para qué? Eso que tú te ganas con tu trabajo es tuyo, gástatelo en lo que se te da la gana, total, la vida es corta y hay que "disfrutarla", ve y disfruta con tus amistades, ve a beber, ve y sé infiel a tu pareja, ve y drógate, ve y gástate el dinero en cosas superfluas, recuerda, que lo importante es que tú seas "feliz". Eso sí, cuando estés mayor y no tengas dinero, porque todo lo despilfarraste, ve a buscar a los hijos de los que nunca te ocupaste.

El ¨mundo¨ nos dice: ¿Te gustan las drogas o el alcohol?, ¿Cuál es el problema? Si eso te hace feliz, emborráchate y drógate. No importan las consecuencias: Hogares destrozados, adicciones enfermizas, accidentes automotrices, violencia, etc.

El "mundo" nos dice: ¿Te gusta coquetear, te gustan los noviazgos porque eres un eterno enamorado, aunque tengas esposa o esposo?, ¿Cuál es el problema? Si eso te hace feliz, hazlo. Total, tú naciste para ser feliz, a ti no te importa si las mujeres u hombres con las que coqueteas son casadas o casados o si están en una relación con otro u otra. A ti lo que te interesa es tu satisfacción personal, eso es lo más importante.

El "mundo" nos dice: ¿Te gusta tú mismo sexo? ¿Cuál es el problema? Dale, dios te ama como tú eres, y dios te quiere feliz y gozando. A ti no te debe importar el ejemplo que le das a la sociedad, a los jóvenes, más bien tú quieres que esos que a ti te gusta, se convierta en la norma, en la mayoría, así lo que a ti te hace "feliz" se convierte en lo estándar, sin detenerte a pensar en las repercusiones a futuro de tus acciones.

Son tantos los mensajes de falsa felicidad que nos da este "mundo" que sería imposible nombrarlos todos.

Ese dios en minúsculas es el dios de la mentira, ese es el dios del "mundo", es el dios de mi satisfacción propia, es un dios egoísta al que no le preocupa el sufrimiento del prójimo, no le preocupa el ejemplo, ni las futuras generaciones, un dios ego centrista. Ese es el dios del "mundo".

Ese dios nos habla constantemente de la libertad y del libre albedrío. Pero no nos habla de todos los traumas y problemas que conllevan todas esas malas decisiones, más bien ese mundo las justifica y te hace sentir víctima. Primero te libera con mentiras, para que cometas "errores" y luego justifica tus "errores" sin hacerte responsable de tus propios actos. Ese es el dios del "mundo".

Este mundo en el que hoy vivimos nos dice que es de santurrones aburridos sacrificarse por el prójimo y que es de tontos dar el ejemplo cristiano.

Un mundo en el que cada día se pone más en duda la existencia del Dios verdadero, un mundo que se burla de la existencia de Dios y de la Fe, donde el Ateísmo cada vez está más de moda. ¿Cómo puede Dios, que es puro Amor imponerse a ese mundo? En ese mundo en el que impera el ojo por ojo, los sentimientos mundanos, las leyes del hombre, etc. Pero Jesús nos dijo: **Juan 16,33 No tengan miedo! Yo he vencido al mundo...**

EL CRISTIANISMO VS. EL MUNDO

Cuando enfrentamos el mensaje de Cristo con el mensaje del mundo, ¿qué sucede? Los cristianos estamos fuera de moda, estamos locos, no queremos que la gente sea feliz, juzgamos, somos homofóbicos, faltos de entendimiento: **1Cor 1:18 El mensaje de la cruz es una locura para los que se pierden, pero para los que se salvan —para nosotros— es fuerza de Dios.**

El desapego del mundo
- 1Juan 2:15-17 *"No amen al mundo ni las cosas mundanas. Si alguien ama al mundo, el amor del Padre no está en él. Porque todo lo que hay en el mundo —los deseos de la carne, la codicia de los ojos y la ostentación de la riqueza— no viene del Padre, sino del mundo. Pero el mundo pasa, y con él, sus deseos. En cambio, el que cumple la voluntad de Dios permanece eternamente."*

1 Juan 5:3-5 *"El amor a Dios consiste en cumplir sus mandamientos, y sus mandamientos no son una carga, porque el que ha nacido de Dios, vence*

al mundo. Y la victoria que triunfa sobre el mundo es nuestra fe.
¿Quién es el que vence al mundo, sino el que cree que Jesús es el Hijo de Dios?"

Los cristianos queremos ser felices, pero nuestra felicidad no puede ser causa de infelicidad de nuestro prójimo. No vivimos solos en este planeta y nuestro ejemplo es nuestra mayor prédica. Nuestros hijos nos ven y nos imitan y nos imitarán cuando sean padres y luego abuelos…... Nos guste o no. El mensaje de Dios es en favor de una sociedad de seres humanos completos, compasivos, llenos de ejemplo, buenos padres, buenos hijos, en fin, personas completas, cristianos verdaderos.

¿Cómo decirle a un hijo el día de mañana que no beba en exceso? Si yo no tengo control con la bebida.

¿Cómo decirle a un hijo que no se divorcie? Si yo me he divorciado, apoyo el divorcio o trato a mi conyugue con desprecio y desamor.

¿Cómo decirle a una hija o hijo que respete el

matrimonio? Si yo no lo he respetado.

¿Cómo pedirle a mis hijos que no sean agresivos? Siendo yo mismo violento y agresivo.

¿Cómo pedirle a nuestros hijos que nos respeten? Si nosotros ni los respetamos a ellos ni a nuestros propios padres y abuelos.

¿Cómo podemos pedirle valores a los niños, si nuestros valores están tan tergiversados que son nocivos para nosotros mismos y más aún para ellos?

Cuantas veces al día escuchamos: NO LE HAGAS A OTROS LO QUE NO TE GUSTA QUE TE HAGAN A TI. Lo escuchamos de nuestros políticos y gobernantes, también en la televisión y esa se ha convertido en el standard moral, el no hacer nada, para que nadie diga o haga algo, El no hacerle a otros lo que no queremos que nos hagan, es sin lugar a dudas mejor que el Ojo por Ojo, sin embargo parte del principio de INACCION, el Mundo nos pide, ante los problemas, ante las situaciones, que partamos desde el principio de la INACCION. ¿Qué sucede cuando partimos del no hacerle a otros lo que no nos gusta que nos hagan? No podemos reclamar, porque nos pueden reclamar, no nos podemos quejar, porque se pueden quejar de nosotros, sin darnos cuenta nos hemos amordazado y es por eso que las minorías, hoy, se han apoderado del mundo, por la INACCION.

Sin embargo, Jesús nos dice: **Lucas 6:31 "Hagan por los demás lo que quieren que los hombres hagan por ustedes"**. Como siempre, Dios parte de la ACCION, del Verbo… Que gran diferencia, el no hacer, contra el hacer:

Si queremos ser felices, debemos primero hacer feliz a nuestro prójimo.

Si queremos que nos perdonen, debemos primero perdonar a nuestro prójimo.

Si queremos que nos Amen, debemos primero Amar a nuestro prójimo.

Jesús nos pide que Amemos a nuestro prójimo tal y como nos amamos a nosotros mismos y que por encima de este Amor debe estar el Amor a Dios.

¿Cómo pretende Jesús que Amemos a nuestro prójimo?

¿Qué es Amor para los ojos de Dios?

EL AMOR DE DIOS

Lo más importante que debemos saber de Dios es que Dios es Amor, y lo sabemos por como Jesús resumió los 10 mandamientos: - Romanos 13:9 *"Porque los mandamientos: No cometerás adulterio, no matarás, no robarás, no codiciarás, y cualquier otro, se resumen en éste: Amarás a tu prójimo como a ti mismo."*

- Lucas 10:25-28 *"Y entonces, un doctor de la Ley se levantó y le preguntó para ponerlo a prueba: "Maestro, ¿qué tengo que hacer para heredar la Vida eterna?" Jesús le preguntó a su vez: "¿Qué está escrito en la Ley? ¿Qué lees en ella?" Él le respondió: "Amarás al Señor, tu Dios, con todo tu corazón, con toda tu alma, con todas tus fuerzas y con todo tu espíritu, y a tu prójimo como a ti mismo". "Has respondido exactamente, le dijo Jesús; obra así y alcanzarás la vida".*

Jesús nos pide que Amemos a nuestro prójimo: No solo a los que queremos y con los que estamos de acuerdo; Jesús nos pide que sintamos AMOR por los que nos han fallado, herido, lastimado, etc.

¿Qué es el Amor de Dios?

Con respecto al Amor, tenemos la Carta Encíclica Deus Caritas Est (Dios es Amor) del Papa Benedicto XVI, esta Carta Encíclica nos dice con respecto al Amor:

"Sólo mi disponibilidad para ayudar al prójimo, para manifestarle amor, me hace sensible también ante Dios. Sólo el servicio al prójimo abre mis ojos a lo que Dios hace por mí y a lo mucho que me ama. Los Santos — pensemos por ejemplo en la beata Teresa de Calcuta— han adquirido su capacidad de amar al prójimo de manera siempre renovada gracias a su encuentro con el Señor eucarístico y, viceversa, este encuentro ha adquirido realismo y profundidad precisamente en su servicio a los demás. Amor a Dios y amor al prójimo son inseparables, son un único mandamiento. Pero ambos viven del amor que viene de Dios, que nos ha amado primero. Así, pues, no se trata ya de un « mandamiento » externo que nos impone lo imposible, sino de una experiencia de amor nacida desde dentro, un amor que por su propia naturaleza ha de ser ulteriormente comunicado a otros. El amor crece a través del amor. El amor es « divino » porque proviene de Dios y a Dios nos une y, mediante este proceso unificador, nos transforma en un Nosotros, que supera nuestras divisiones y nos convierte en una sola cosa, hasta que al final Dios sea « todo para todos » (cf. *1 Co* 15, 28)."

El verdadero Amor es el que Dios nos regala como una Gracia. **1Juan 4:16** *"Nosotros hemos conocido el amor que Dios nos tiene y hemos creído en él. Dios es amor, y el que permanece en el amor permanece en Dios, y Dios permanece en él."*

En esta época en la que vivimos se ha tergiversado lo que es el Amor, el Amor ha perdido valor, ha sido transformado en un simple sentimiento humano.

El amor que hoy el mundo nos enseña, es el amor que vemos en las películas, el de las novelas, el de los libros, ese amor es el amor relacionado con la pasión, con eros, amor ligado con la belleza física, con el placer, con intereses mezclados, amor al dinero, amor al poder, amor al placer, amor al sexo, etc. Ese no es el verdadero Amor.

El verdadero Amor es el Amor de Dios, y ese Amor es un regalo que Dios nos da, ese Amor de Dios es un Amor que nace de dentro, que nace de las entrañas.

El Amor a Dios es tan grande que podemos ser capaces de Amar a nuestros enemigos. Jesús lo hizo, y nos pide que nosotros también lo hagamos:

El amor a los enemigos
- Lucas 6:27-35 *"Pero yo les digo a ustedes que me escuchan: Amen a sus enemigos, hagan el bien a los que los odian. Bendigan a los que los maldicen, rueguen por los que los difaman. Al que te pegue en una mejilla, preséntale también la otra; al que te quite el manto, no le niegues la túnica. Dale a todo el que te pida, y al que tome lo tuyo no se lo reclames. Hagan por los demás lo que quieren que los hombres hagan por ustedes. Si aman a aquellos que los aman, ¿qué mérito tienen? Porque hasta los pecadores aman a aquellos que los aman. Si hacen el bien a aquellos que se lo hacen a ustedes, ¿qué mérito tienen? Eso*

lo hacen también los pecadores. Y si prestan a aquellos de quienes esperan recibir, ¿qué mérito tienen? También los pecadores prestan a los pecadores, para recibir de ellos lo mismo. Amen a sus enemigos, hagan el bien y presten sin esperar nada en cambio. Entonces la recompensa de ustedes será grande y serán hijos del Altísimo, porque Él es bueno con los desagradecidos y los malos."

Esta última frase es muy dura y difícil de entender, ¿Cómo puede ser Dios **"bueno con los desagradecidos y los malos"**? si partimos del punto que ninguno de nosotros está libre de pecado, la frase pierde dureza, y se convierte en más entendible y hasta necesaria, si a eso le sumamos la capacidad que todos tenemos de arrepentirnos, entonces la frase queda completamente clara y entendida. La paciencia de Dios no tiene límites, Él siempre espera nuestro regreso a Él. Recordemos que Dios Ama al pecador pero aborrece el pecado y el mal.

¿Qué nos dice San Pablo acerca del Amor?:

Exhortación al amor

- Colosense 3:12-17 *"Como elegidos de Dios, sus santos y amados, revístanse de sentimientos de profunda compasión. Practiquen la benevolencia, la humildad, la dulzura, la paciencia.*

Sopórtense los unos a los otros, y perdónense mutuamente siempre que alguien tenga motivo de queja contra otro. El Señor los ha perdonado: hagan ustedes lo mismo. Sobre todo, revístanse del amor, que es el vínculo de la perfección. Que la paz de Cristo reine en sus corazones: esa paz a la que han sido llamados, porque formamos un solo Cuerpo. Y vivan en la acción de gracias. Que la Palabra de Cristo resida en ustedes con toda su riqueza. Instrúyanse en la verdadera sabiduría, corrigiéndose los unos a los otros. Canten a Dios con gratitud y de todo corazón salmos, himnos y cantos inspirados. Todo lo que puedan decir o realizar, háganlo siempre en nombre del Señor Jesús, dando gracias por él a Dios Padre."

"Dios no nos impone un sentimiento que no podamos suscitar en nosotros mismos. Él nos ama y nos hace ver y experimentar su amor." Carta Encíclica Deus Caritas Est.

Dios no nos impone, Dios nos da su ejemplo

a seguir. Dios nos mandó a su propio hijo para darnos su ejemplo. Jesús no nos enseña pidiéndonos un comportamiento ajeno al de su propia vida. El evangelio de Jesús tiene coherencia de pensamiento y obra. Jesús vino a dar ejemplo y ése ejemplo lo llevó a las máximas consecuencias, lo llevo a la muerte en la Cruz

Para cualquier situación que se nos presente en la vida, si fijamos nuestros ojos en Jesús y en su Ejemplo, su testimonio, encontraremos la respuesta a esa situación que se nos presenta en la vida.

Si buscamos una analogía humana, el Amor de Dios podría asemejarse en algo, al Amor que tiene una madre por sus hijos. Una Madre que ha llevado 9 meses a su hijo en su vientre, que ha visto su cuerpo transformarse, que ha sufrido los malestares del embarazo, que ha sufrido dolores de parto, que ha visto a ese bebe llegar al mundo, que le ha amamantado, que le ha visto crecer, esas Madres humanas, en la mayoría de los casos, aman tanto a sus hijos, que darían la vida por ellos, son madres hasta la muerte y son capaces de perdonar a sus hijo e hijas una y otra vez sus errores y fallas, ese Amor y ese perdón nacen de adentro, nacen de esas mismas entrañas de donde esos hijos e hijas se formaron.

Si una Madre humana es capaz de Amar tanto a un hijo o hija, cuanto más grande es el Amor de Dios por nosotros sus hijos, este Amor es tan grande que es el que le hace tener Compasión ante nuestras dificultades, especialmente por los que nos equivocamos y reconociendo nuestro error, nos arrepentimos y enmendamos nuestro error.

LA MISERICORDIA

Dios tiene Compasión por nosotros por el gran Amor que nos tiene.

Existe una parábola en la que el mismo Jesús nos explica cuán grande es su Amor por los que pecamos y nos arrepentimos, por los que volvemos a Él, a su casa. Esta parábola es la del hijo Pródigo, que más bien debería llamarse la Parábola del Padre Misericordioso.

El padre misericordioso

- Lucas 15:11-20 *"Jesús dijo también: "Un hombre tenía dos hijos.*

El menor de ellos dijo a su padre: "Padre, dame la parte de herencia que me corresponde". Y el padre les repartió sus bienes.

Pocos días después, el hijo menor recogió todo lo que tenía y se fue a un país lejano, donde malgastó sus bienes en una vida licenciosa. Ya había gastado todo, cuando sobrevino mucha miseria en aquel país, y comenzó a sufrir privaciones. Entonces se puso al servicio de uno de los habitantes de esa región, que lo envió a su campo para cuidar cerdos.

Él hubiera deseado calmar su hambre con las bellotas que comían los cerdos, pero nadie se las daba. Entonces recapacitó y dijo: "¡Cuántos jornaleros de mi padre tienen pan en abundancia, y yo estoy aquí muriéndome de hambre! Ahora mismo iré a la casa de mi padre y le diré: Padre, pequé contra el Cielo y contra ti; ya no merezco ser llamado hijo tuyo, trátame como a uno de tus jornaleros".

Entonces partió y volvió a la casa de su padre. Cuando todavía estaba lejos, su padre lo vio y se conmovió profundamente; corrió a su encuentro, lo abrazó y lo besó."

El Padre, movido con Compasión, recibe a su hijo arrepentido y lo cubre de besos y abrazos.

El Padre de la parábola del Hijo Prodigo (que es Dios mismo) Perdona a su hijo porque sintió COMPASION. Esa COMPASION lo llevó al Perdón, esa COMPASION unida al acto del Perdón se convierte en Misericordia.

La palabra COMPASION en Griego Koine (común) es ESPLANCHNISTHE, que significa: Sentir o Tener compasión por una persona, un sentir que nace de las entrañas (figurativo), **conmoverse**, tener piedad, ser movido por compasión. **STRONGS NT 4697: σπλαγχνιζομαι Verbo: splagchnizomai o** *splagxnízomai*

Sabemos que los evangelios se escribieron en Griego Koine, Lucas usó la palabra ESPLANCHNISTHE (σπλαγχνιζομαι), luego el evangelio de Lucas fue traducido al latín y las palabras que se usaron en latín fueron: **misericordia motus est**.

Las Biblias en ingles traducen literalmente

directo del Griego Koine
ESPLANCHNISTHE (σπλαγχνίζομαι):
moved with Compassion

Santo Tomas de Aquino, nos define
Misericordia en su obra Summa Theologiae
(ST II-II.30.1) como: **La compasión en
nuestros corazones por las miserias de otra
persona, la compasión** que nos lleva a hacer
lo que podamos para ayudar a esa persona.
La Misericordia tiene dos aspectos: la afectiva
y la efectiva. La Misericordia efectiva es la
que nos lleva a la acción positiva para el bien
de otra persona, tomar pasos para calmar las
miserias o llenar las necesidades de otros.

La Misericordia, es el llevar a la acción la
Compasión que nace de las entrañas.

**"Cuando todavía estaba lejos, su padre lo
vio y sintió compasión
(ESPLANCHNISTHE); corrió a su encuentro,
lo abrazó y lo besó"**

Esa Compasión nace del AMOR que Dios
tiene por nosotros.

¿Somos nosotros capaces de tener ese mismo
sentimiento?

Existe una Parábola en la que Jesús nos responde a esa pregunta.

La parábola del buen samaritano

- Lucas 10:29-37 *"Pero el doctor de la Ley, para justificar su intervención, le hizo esta pregunta: "¿Y quién es mi prójimo?"*
Jesús volvió a tomar la palabra y le respondió:
"Un hombre bajaba de Jerusalén a Jericó y cayó en manos de unos bandidos, que lo despojaron de todo, lo hirieron y se fueron, dejándolo medio muerto.
Casualmente bajaba por el mismo camino un sacerdote: lo vio y siguió de largo. También pasó por allí un levita: lo vio y siguió su camino.
Pero un samaritano que viajaba por allí, al pasar junto a él, lo vio y se conmovió,
(ESPLANCHNISTHE)

Entonces se acercó y vendó sus heridas, cubriéndolas con aceite y vino; después lo puso sobre su propia montura, lo condujo a un albergue y se encargó de cuidarlo. Al día siguiente, sacó dos denarios y se los dio al dueño del albergue, diciéndole: "Cuídalo, y lo que gastes de más, te lo pagaré al volver". ¿Cuál de los tres te parece que se portó como prójimo del hombre asaltado por los ladrones?" "El que tuvo compasión de él", le respondió el doctor. Y Jesús le dijo: "Ve, y procede tú de la misma manera"."

Jesús nos dice usando la parábola del buen Samaritano, que nosotros también podemos tener ese sentimiento de Compasión por nuestro prójimo, Jesús nos pide que nos comportemos como ese Samaritano, nos pide que vayamos por el mundo procediendo con su Compasión, con Amor.

En ambas parábolas, la del hijo Pródigo (Padre Misericordioso) y la del buen Samaritano, el Evangelista Lucas, inspirado por el espíritu Santo, uso la misma palabra (ESPLANCHNISTHE) o sea movido por una Compasión que sale de las entrañas, En el Hijo Pródigo es Dios mismo el que tiene ese sentimiento, sin embargo en la del buen Samaritano es un hombre el que es capaz de tener ese mismo sentimiento. Jesús nos está diciendo que podemos sentir con esa misma Compasión que El siente.

Conmovernos por nuestro prójimo, tener compasión por nuestro prójimo es nuestra obligación como Cristianos, esa compasión debemos llevarla a la acción, ya sea perdonando como lo hizo el Padre Amoroso o ayudando al necesitado como lo hizo el buen Samaritano. 10:37 "El que tuvo compasión de él", le respondió el doctor. Y Jesús le dijo: "Ve, y procede tú de la misma manera".

Lucas 6:35 Amen a sus enemigos, hagan el bien y presten sin esperar a cambio. Entonces la recompensa de ustedes será grande y serán hijos del Altísimo, que es bueno con los ingratos y los pecadores.

36 Sean Misericordiosos como es Misericordioso su Padre.

Las Obras de la Misericordia

Nuestra Catequesis de la Iglesia Católica en el número 2447 define las

Obras de Misericordia:

Las 7 Obras de Misericordia "Espirituales"

• Compartir el conocimiento con otros, **Educar** o instruior al projimo.

- **Aconsejar,** dar buen consejo al que lo necesita.

- **Corregir** al que yerra.

- **Perdonar** a los que nos han herido.

- **Consolar** al que sufre.

- Tener **Paciencia** con el prójimo.

- **Orar** por los vivos y por los muertos.

Las 7 Obras de Misericordia "Corporales"

- **Visitar y cuidar** a los enfermos.

- **Ayudar** al que está preso.

- **Dar de comer** al hambriento

- **Dar de beber** al sediento.

- **Dar techo** a quien no lo tiene.

- **Vestir** al desnudo.

- **Enterrar** a los muertos.

Los cristianos solo pensamos en la Misericordia cuando es Dios el que nos perdona o ayuda cuando lo necesitamos, pero nos olvidamos que la Misericordia es algo que Jesús nos pide que tengamos. Si Jesús nos lo pide es porque Él nos puede ayudar a hacerlo, en este caso a sentir esa Compasión que nace de las entrañas, de adentro, del corazón, y que debemos convertir en acción: Educar al prójimo, dar buen consejo al prójimo, corregir al prójimo, perdonar al prójimo, tener paciencia con el prójimo, consolar al prójimo que sufre, dar de beber al prójimo que esta sediento, dar de comer al prójimo que esta hambriento, cuidar al prójimo que está enfermo, dar posada al prójimo, vestir al prójimo que lo necesita, liberar al prójimo que esta cautivo y dar santo entierro al prójimo que falleció.

Las Bienaventuranzas
- Mateo 5:1-12 *"Al ver a la multitud, Jesús subió a la montaña, se sentó, y sus discípulos se acercaron a él.*
Entonces tomó la palabra y comenzó a enseñarles, diciendo:
"Felices los que tienen alma de pobres, porque a ellos les pertenece el Reino de los Cielos.

Felices los afligidos, porque serán consolados.

Felices los pacientes, porque recibirán la tierra en herencia.

Felices los que tienen hambre y sed de justicia, porque serán saciados.

Felices los misericordiosos, porque obtendrán misericordia.

Felices los que tienen el corazón puro, porque verán a Dios.

Felices los que trabajan por la paz, porque serán llamados hijos de Dios.

Felices los que son perseguidos por practicar la justicia, porque a ellos les pertenece el Reino de los Cielos.

Felices ustedes, cuando sean insultados y perseguidos, y cuando se los calumnie en toda forma a causa de mí.

Alégrense y regocíjense entonces, porque ustedes tendrán una gran recompensa en el cielo; de la misma manera persiguieron a los profetas que los precedieron."

La misericordia y la benevolencia para juzgar

- Lucas 6:36-38 *"Sean misericordiosos, como el Padre de ustedes es misericordioso.*

No juzguen y no serán juzgados; no condenen y no serán condenados; perdonen y serán perdonados.Den, y se les dará. Les volcarán sobre el regazo una buena medida, apretada, sacudida y desbordante. Porque la medida con que ustedes midan también se usará para ustedes".

- Mateo 25:34-40 *"Entonces el Rey dirá a los que tenga a su derecha: "Vengan, benditos de mi Padre, y reciban en herencia el Reino que les fue preparado desde el comienzo del mundo, porque tuve hambre, y ustedes me dieron de comer; tuve sed, y me dieron de beber; estaba de paso, y me alojaron; desnudo, y me vistieron; enfermo, y me visitaron; preso, y me vinieron a ver". Los justos le responderán: "Señor, ¿cuándo te vimos hambriento, y te dimos de comer; sediento, y te dimos de beber?*
¿Cuándo te vimos de paso, y te alojamos; desnudo, y te vestimos?
¿Cuándo te vimos enfermo o preso, y fuimos a verte?"

Y el Rey les responderá: "Les aseguro que cada

vez que lo hicieron con el más pequeño de mis hermanos, lo hicieron conmigo"."

Jesús es la Misericordia misma, El dió ejemplo vivo de lo que es la Misericordia. El mayor acto de Misericordia fue el de dar su vida por nosotros, para que entendamos que su mensaje debe ser llevado al extremo. Sus discípulos así lo entendieron, la mayoría de ellos murió dando ejemplo de lo que es tener Fe y certeza del mensaje de Amor y Misericordia de Jesús.

La Misericordia de Jesús llegó a su culmen cuando fue traspasado por la lanza del soldado Romano y de sus entrañas salió Sangre y Agua. San Juan, el discípulo Amado estuvo allí presente en ese mismísimo momento junto con la Santísima Virgen María.

- Juan **19:32-35** *"Los soldados fueron y quebraron las piernas a los dos que habían sido crucificados con Jesús. Cuando llegaron a él, al ver que ya estaba muerto, no le quebraron las piernas, sino que uno de los soldados le atravesó el costado con la lanza, y en seguida brotó sangre y agua. El que vio esto lo atestigua: su testimonio es verdadero y* *él sabe que dice la verdad, para que también ustedes crean."*

Jesús nos predicó con el Ejemplo, todos y cada uno de los dones de la Misericordia los conocemos gracias a Su ejemplo, toda la vida de Jesús estuvo llena de Misericordia.

Recordemos que Jesús nos Ama tanto que cargo su Cruz y murió en ella por nosotros.

¿Para qué lo hizo?

¿Sería entre tantas cosas, para que identifiquemos el significado del sacrificio y del gran Amor que nos tiene?.

Jesús murió dando ejemplo de sacrificio por Amor a nosotros, el precio de nuestros pecados fue su muerte Redentora.

Jesús nos pide que nos comportemos como Él, nos pide que nos sacrifiquemos por el prójimo.

¿Cómo podemos sacrificarnos como Jesús se sacrificó?

Podemos cargar la Cruz del Perdón. Podemos pedirle a Jesús que nos regale Su

Amor y teniendo Su Amor tendremos Compasión, que se transformará en la acción de la Misericordia.

Nosotros solos, somos incapaces de un Sacrificio verdadero, es por eso que debemos pedirle a nuestro Padre que nos dé el Don del Amor, ése Amor de Dios que se transforma inmediatamente en Compasión, para poder tomar acción con nuestro prójimo tal y como Dios actúa en nosotros.

La Cruz es un SIMBOLO perfecto del mensaje de Dios, la Cruz consta de dos maderos uno vertical y otro horizontal. El madero vertical representa la verticalidad de nuestro Amor, ese Amor a Dios sobre todas las cosas; ese Amor por Dios casi todos lo tenemos, sobre todo en la hora en la que pasamos por tribulaciones. El otro madero, el horizontal, es el que representa el Amor al prójimo, ese Amor es mucho más difícil que el Amor a Dios, Amar al prójimo trae consigo muchos sacrificios, es por ese Amor que Jesús se sacrificó en la Cruz. Dios nada lo hace por hacerlo, hasta la Cruz, sirve para que entendamos su mensaje.

Todo este mensaje es imposible llevarlo a cabo si no tenemos Fe, la Fe le dá sentido a las enseñanzas de Jesús, sin la Fe, nada de lo que hemos leído tiene sentido, sería otra fórmula o teoría. Sin embargo, y apelando al que quizás lea este libro sin Fe, ¿No sería mejor la humanidad si siguiéramos las enseñanzas de Jesús? La respuesta es obvia, tan obvia, que la falta de Fe que Jesús es La Palabra de Dios, se convierte en necedad, oír sin querer escuchar, ver sin querer ver. El lector, que aún leyendo no entienda, debería examinar las razones que le llevan a no querer entender, ¿cómo dudar de la existencia de un Dios, que lo que quiere es el bien para sus hijos y entre sus hijos? Todo esto nos lleva al territorio de la Fe.

LA FE

¿Cómo podemos creer en todos estos mensajes de Amor, Ejemplo, Compasión, sin creer en el Mensajero? Para que todo esto tenga sentido, debemos creer que es Dios mismo el que nos implora, con su propio ejemplo, un comportamiento ejemplar.

Pero para creer en este mensaje debemos

tener FE, certeza de que existe este mensajero.

Sin creer que existe Dios, que venimos de Él y que volveremos a Él, es muy difícil que entendamos el mensaje verdadero de lo que es Amar a Dios sobre todas las cosas y al Prójimo como a uno mismo.

El que cree que su existir en este mundo, es mero producto de la casualidad, que es el resultado natural de la unión entre dos animales evolucionados, que va a vivir en este planeta por unos años y que luego se convertirá en polvo y comida para gusanos, ¿Qué valor le puede dar a el Amor al prójimo?.

Solo con la Fe, podemos entender el Amor de Dios.

Con respecto a la Fe, tenemos la Carta Encíclica Lumen Fidei, La Luz de la Fe, en esta Carta Encíclica el Sumo Pontífice Francisco, nos habla acerca de la Fe:

"La Fe transforma toda la persona, precisamente porque la Fe se abre al Amor. Esta interacción de la Fe con el Amor nos permite comprender el tipo de conocimiento propio de la Fe, su fuerza de convicción, su capacidad de iluminar nuestros pasos".

"La nueva lógica de la Fe está centrada en Cristo. La fe en Cristo nos salva porque en él la vida se abre radicalmente a un Amor que nos precede y nos transforma desde dentro, que obra en nosotros y con nosotros".

"Así podemos entender la novedad que aporta la fe. El creyente es transformado por el Amor, al que se abre por la fe, y al abrirse a este Amor que se le ofrece, su existencia se dilata más allá de sí mismo. Por eso, san Pablo puede afirmar: « No soy yo el que vive, es Cristo quien vive en mí » (*Ga* 2,20), y exhortar: « Que Cristo habite por la fe en vuestros corazones » (*Ef* 3,17). En la fe, el « yo » del creyente se ensancha para ser habitado por Otro, para vivir en Otro, y así su vida se hace más grande en el Amor. En esto consiste la acción propia del Espíritu Santo. El cristiano puede tener los ojos de Jesús, sus sentimientos, su condición filial, porque se le hace partícipe de su Amor, que es el Espíritu. Y en este Amor se recibe en cierto modo la visión propia de Jesús. Sin esta conformación en el Amor, sin la presencia del Espíritu que lo infunde en nuestros corazones (cf. *Rm* 5,5), es imposible confesar a Jesús como Señor (cf. *1 Co* 12,3)"

Para poder Amar a Dios, el primer requisito es conocer a Dios. Solo podemos Amar a Dios si tenemos Fe (certeza) en que Él existe.

La Fe en Cristo nos ilumina, nos salva, porque nos regala el creer en su mensaje de Amor, que nos lleva a Amar.

Me gusta comparar la Fe con lo que un color, puede ser para un ciego, si, para un ciego de nacimiento. Por ejemplo, ¿Cómo podría cualquiera de nosotros explicarle el color AZUL a un ciego de nacimiento? Realmente, solo podríamos lograr hacerlo en forma tal que logre ver con su imaginación o intelecto dicho color, podríamos explicarle de donde viene el Azul, explicarle desde el punto de vista científico lo que los colores son y llegar así a decirle que el Azul es una de esas descomposiciones de la Luz, también podríamos decirle que el color Azul está en el Arco Iris, también decirle que el Cielo es

Azul y que el Océano es Azul, que nuestro planeta desde el espacio es Azul, también que representamos de color Azul al Agua cuando es fría, etc. Todas estas explicaciones son válidas, pero ninguna le hará ver el Color Azul, tal y como usted y yo lo vemos. Así es la Fe y la falta de ella. El que la tiene, sabe cómo es Dios, cualquier explicación es validad y accesoria, pero para el que no tiene Fe, Dios es como el Color Azul, pura teoría. Pero Dios siempre está tocando la puerta de la Fe, ahí, en el Corazón del hombre, lo único que hay que hacer es dejarlo entrar.

A diferencia con el Ciego de Nacimiento, todos nosotros tenemos Alma y Corazón y todos, absolutamente todos, podemos dejar entrar a Dios en nuestro corazón, Él siempre está allí, tocando la puerta de nuestra Alma, de nuestro Corazón, esperando que le abramos. Él nos dio libre albedrío hasta para eso, Dios nos respeta tanto, que debemos ser nosotros, por nuestra propia decisión, quienes emprendemos el camino de vuelta a Él, y Él, siempre estará esperándonos lleno de Amor y Compasión, para entrar en nosotros y obrar en nosotros.

Cuanto mejor sería este mundo, si Amaramos a Dios sobre todas las cosas y a nuestro prójimo como a nosotros mismos, ¿verdad? Cuantos problemas se hubiera ahorrado la humanidad, solo siguiendo esta simple fórmula. Pero para aplicar esta fórmula hay que primero creer en ella.

Es así que se genera la fórmula FE-AMOR-MISERICORDIA, el resultado de esa fórmula es un Mundo mejor, menos egoísta, cargado del buen ejemplo.

Debemos buscar primero tener FE en Dios, para poder Amarlo sobre todas las cosas y teniendo esa FE, podremos Amar a nuestro prójimo como a nosotros mismos y entonces tener la misma Compasión con nuestro prójimo que la que Dios tiene con nosotros.

Dejemos que ese Amor entre en nuestras vidas y que ese Amor nos ayude a llevar las cruces que vendrán junto con ese Amor verdadero.

La recompensa en este mundo será sabernos hijos de Dios y buscadores de su Reino, con toda la Paz que eso significa y por supuesto, en la vida Eterna junto al Padre.

Dios nos pide: **"Por lo tanto, sean perfectos como es perfecto el Padre que está en el cielo Mateo 5:48".**

Dichosos los que tenemos FE, porque nos acercamos al Amor y acercándonos al Amor nos acercamos a la Compasión que nos lleva al Perdón y por ende a la Santidad, que no es más que la puerta de entrada a la presencia de Dios.

- 1 Juan 4:20-21 *"El que dice: "Amo a Dios", y no ama a su hermano, es un mentiroso. ¿Cómo puede amar a Dios, a quien no ve, el que no ama a su hermano, a quien ve? Este es el mandamiento que hemos recibido de él: el que ama a Dios debe amar también a su hermano."*

Ser Cristiano Católico y tener Fe, no nos garantiza estar llenos del Amor de Dios, pero sí nos acerca a las enseñanzas de nuestra Iglesia, ser Católico significa haber sido bautizados, además, los Católicos creemos en la presencia Verdadera de Cristo en la Eucaristía y los Católicos, si queremos y podemos, recibimos el cuerpo de Cristo en cada Misa, escuchamos Su Palabra, creyendo con Fe que es el mismo Jesús quien nos habla en las Sagradas Escrituras, porque El mismo es el Verbo hecho Carne. Pero nada de eso es suficiente si no tenemos Amor y ya sabemos que el Amor verdadero debe de estar acompañado de las OBRAS DE LA MISERICORDIA.

La fe y las obras
Santiago 2:14-17 *"¿De qué le sirve a uno, hermanos míos, decir que tiene fe, si no tiene obras? ¿Acaso esa fe puede salvarlo?*
¿De qué sirve si uno de ustedes, al ver a un hermano o una hermana desnudos o sin el alimento necesario, les dice: "Vayan en paz, caliéntense y coman", y no les da lo que necesitan para su cuerpo?
Lo mismo pasa con la fe: si no va acompañada de las obras, está completamente muerta."

Fe y Obras: la Fe en Dios nos debe llevar a la acción.

Según el diccionario **verbo** significa: Categoría gramatical constituida por las palabras que expresan **la acción**, el estado, la existencia o el proceso de una persona o cosa en un tiempo pasado, presente o futuro con relación al momento de la enunciación; morfológicamente se caracteriza por las variaciones de tiempo, aspecto, modo, voz, número y persona.

Jesús, el Verbo mismo, nos pide Acción, nos pide que llevemos la Fe en El a la Acción en el prójimo y que en esa Acción seamos a través de nuestro ejemplo, Luz para el Mundo.

¿Cuál es el Verbo / Acción por excelencia?: EL AMOR, que nos hace Compasivos y cuando somos efectivos con esa Compasión y la llevamos a Acción, se convierte en Misericordia.

MISERICORDIA, CENTRO DEL CRISTIANISMO

El Centro del Mensaje que Dios trajo al mundo a través de su Ungido, Jesucristo, fue el AMOR y ese AMOR, se convierte en una COMPASION que nace de las entrañas convirtiéndose en MISERICORDIA, a través la acción Salvífica del Sacrificio de Jesús por nosotros, Él   nos dice que esa misma

MISERICORIDA debemos tenerla con nuestros prójimos. Solo podemos llegar a esta conclusión, solo podemos creer en este mensaje, si creemos en el mensajero, que es Dios mismo. Dios nos pide que Amemos y que nos Compadezcamos. Solo creyendo en Dios podremos entender lo que nos pide, solo con FE podremos lograrlo.

HOMILÍA DEL SANTO PADRE JUAN PABLO II, PARA LA CANONIZACIÓN DE LA BEATA MARÍA FAUSTINA KOWALSKA

Domingo 30 de abril de 2000

"A través de las diversas lecturas, la liturgia parece trazar el camino de la misericordia que, a la vez que reconstruye la relación de cada uno con Dios, suscita también entre los hombres nuevas relaciones de solidaridad fraterna. Cristo nos enseñó que "el hombre no sólo recibe y experimenta la misericordia de Dios, sino que está llamado a "usar misericordia" con los demás:

"Bienaventurados los misericordiosos, porque ellos alcanzarán misericordia" (*Mt* 5,

7)" (*Dives in misericordia*, 14). Y nos señaló, además, los múltiples caminos de la misericordia, que no sólo perdona los pecados, sino que también sale al encuentro de todas las necesidades de los hombres. Jesús se inclinó sobre todas las miserias humanas, tanto materiales como espirituales.

Su mensaje de misericordia sigue llegándonos a través del gesto de sus manos tendidas hacia el hombre que sufre. Así lo vio y lo anunció a los hombres de todos los continentes sor Faustina, que, escondida en su convento de Lagiewniki, en Cracovia, hizo de su existencia un canto a la misericordia: "*Misericordias Domini in aeternum cantabo*".

La canonización de sor Faustina tiene una elocuencia particular: con este acto quiero transmitir hoy este mensaje al nuevo milenio. Lo transmito a todos los hombres para que aprendan *a conocer cada vez mejor el verdadero rostro de Dios y el verdadero rostro de los hermanos*.

El amor a Dios y el amor a los hermanos son efectivamente inseparables, como nos lo ha recordado la primera carta del apóstol san Juan: "En esto conocemos que amamos a los hijos de Dios: si amamos a Dios y cumplimos sus mandamientos" (*1 Jn* 5, 2). El Apóstol nos recuerda aquí la verdad del amor, indicándonos que su medida y su criterio radican en la observancia de los mandamientos.

En efecto, no es fácil amar con un amor profundo, constituido por una entrega auténtica de sí. Este amor se aprende sólo en la escuela de Dios, al calor de su caridad. Fijando nuestra mirada en él, sintonizándonos con su corazón de Padre, llegamos a ser capaces de mirar a nuestros hermanos con ojos nuevos, con una actitud de gratuidad y comunión, de generosidad y perdón. *¡Todo esto es misericordia!*

En este amor debe inspirarse la humanidad hoy para afrontar la crisis de sentido, los desafíos de las necesidades más diversas y, sobre todo, la exigencia de salvaguardar la dignidad de toda persona humana. Así, el mensaje de la misericordia divina es, implícitamente, también un *mensaje sobre el valor de todo hombre.* Toda persona es valiosa a los ojos de Dios, Cristo dio su vida por cada uno, y a todos el Padre concede su Espíritu y ofrece el acceso a su intimidad."

El Centro del Cristianismo es el Amor a Dios por encima de todas las cosas y convertido en Acción de Misericordia hacia el prójimos.

Es por eso que Jesús luego de que el Maestro de la Ley le resumiera los mandamientos, explica por medio de la Parábola del Buen Samaritano, lo que Él espera de sus seguidores.

- Lucas 10:36-37 *"¿Cuál de los tres te parece que se portó como prójimo del hombre asaltado por los ladrones?" "El que tuvo compasión de él", le respondió el doctor. Y Jesús le dijo: "Ve, y procede tú de la misma manera"."*

Jesús nos dice: PROCEDE TU DE LA MISMA MANERA. O sea, debemos tener SU Compasión. No cualquier Compasión, específicamente la Compasión que nace de las Entrañas, que llevada a la acción es la Misericordia.

- Mateo 9:12-13 *Jesús, que había oído, respondió: "No son los sanos los que tienen necesidad del médico, sino los enfermos. Vayan y aprendan qué significa: Yo quiero misericordia y no sacrificios. Porque yo no he venido a llamar a los justos, sino a los pecadores".*

Si los mil doscientos millones de católicos entendiéramos que esta es la PETICIÓN que nos hace Jesús, el mundo sería muy distinto.

Muchos hombres después de Jesús, han tenido la Gracias de entender la Misericordia y la han llevado a la práctica.

Existe un hombre que llevo el mensaje de la Misericordia como muy pocos lo han hecho, este hombre fue San Francisco de Asís, un hombre lleno de Compasión por su prójimo, vistiendo al desnudo, curando al enfermo, San Francisco realmente entendió el Mensaje de Jesús.

Oración de San Francisco de Asis

San Francisco de Asís nos regalos una Oración en la que le pidió al Señor ser ejemplos de su Amor para nuestros prójimos. San Francisco decía: Predica, predica, predica y cuando sea necesario habla (más ejemplos y menos palabras).

Oh, Señor, hazme un instrumento de Tu Paz.
Donde hay odio, que lleve yo el Amor.
Donde haya ofensa, que lleve yo el Perdón.
Donde haya discordia, que lleve yo la Unión.
Donde haya duda, que lleve yo la Fe.
Donde haya error, que lleve yo la Verdad.
Donde haya desesperación, que lleve yo la Alegría.
Donde haya tinieblas, que lleve yo la Luz.
Oh, Maestro, haced que yo no busque tanto
Ser consolado, sino consolar;
Ser comprendido, sino comprender;
Ser amado, como amar.
Porque es:
Dando, que se recibe;
Perdonando, que se es perdonado;
Muriendo, que se resucita a la
Vida Eterna. Amen

Ama hasta que te duela..... Nos decía otro gran ejemplo de lo que es entender el Mensaje de Jesús, la Beata Madre Teresa de Calcuta, quien se abandonó a sí misma y que llena de Compasión, cuido enfermos, dio de comer a hambrientos y de beber a sedientos, vistió al desnudo, educó a quien necesitaban educación, e hizo muchos actos de Misericordia más. Hoy es una Santa muy querida y venerada en el Mundo entero.

Ella también nos dejó una bellísima oración, que a semejanza a la de San Francisco de Asís, también esta oración se orienta más hacia el Dar que al Recibir, sabemos que Dando, Recibimos mucho más de lo que Damos.

Oración para Aprender a Amar de la Beata Madre Teresa de Calcuta.

Señor, cuando tenga hambre, dame alguien que necesite comida;
Cuando tenga sed, dame alguien que precise agua;
Cuando sienta frío, dame alguien que necesite calor.
Cuando sufra, dame alguien que necesita consuelo;
Cuando mi cruz parezca pesada, déjame compartir la cruz del otro;
Cuando me vea pobre, pon a mi lado algún necesitado.
Cuando no tenga tiempo, dame alguien que precise de mis minutos;
Cuando sufra humillación, dame ocasión para elogiar a alguien;
Cuando esté desanimado, dame alguien para darle nuevos ánimos.
Cuando quiera que los otros me comprendan, dame alguien que necesite de mi comprensión;
Cuando sienta necesidad de que cuiden de mí, dame alguien a quien pueda atender;

Cuando piense en mí mismo, vuelve mi atención hacia otra persona.
Haznos dignos, Señor, de servir a nuestros hermanos;
Dales, a través de nuestras manos, no sólo el pan de cada día, también nuestro amor misericordioso, imagen del tuyo. Amen

Sabemos que ser Santo no es fácil, pero eso es lo que nos pide Jesús. Jesús nos pide explícitamente, "Que seamos perfectos, como nuestro Padre que está en el Cielo es perfecto".

- Mateo 5:43-48 *"Ustedes han oído que se dijo: Amarás a tu prójimo y odiarás a tu enemigo. Pero yo les digo: Amen a sus enemigos, rueguen por sus perseguidores; así serán hijos del Padre que está en el cielo, porque él hace salir su sol sobre malos y buenos y hace caer la lluvia sobre justos e injustos. Si ustedes aman solamente a quienes los aman, ¿qué recompensa merecen? ¿No hacen lo mismo los publicanos? Y si saludan solamente a sus hermanos, ¿qué hacen de extraordinario? ¿No hacen lo mismo los paganos? Por lo tanto, sean perfectos como es perfecto el Padre que está en el cielo"*

Ser "perfecto" es ser Santos. Este libro empezó hablando de lo difícil que es ser cristiano y más aún ser Católico, en este Mundo, donde la Santidad es ridiculizada.

Debemos pedirle a diario a Dios la Gracia de Amar todos los días con ese Amor que solo Dios provee, para que Dios nos conceda esa Gracia y seamos capaces de sentir Su Compasión y podamos llevarla a la Acción con nuestros prójimos, con ese Mundo que está allí afuera.

Papa Francisco, Ángelus del Domingo del 15 de Septiembre del 2013

El Papa Francisco, nos hablo acerca de lo que es el verdadero Amor y como nos afecta a nosotros y al mundo en su Ángelus del Domingo del 15 de Septiembre del 2013 y en relación al Capítulo de la Misericordia (Lucas 15):

"¿El peligro cuál es? Es que presumamos de ser justos, y juzguemos a los demás. Juzguemos también a Dios, porque pensamos que debería castigar a los pecadores, condenarles a muerte, en lugar de perdonar. Entonces sí que nos arriesgamos a permanecer fuera de la casa del Padre. Como ese hermano mayor de la parábola, que en vez de estar contento porque su hermano ha vuelto, se enfada con el padre que le ha acogido y hace fiesta. Si en nuestro corazón no hay la misericordia, la alegría del perdón, no estamos en comunión con Dios, aunque observemos todos los preceptos, porque es el amor lo que salva, no la sola práctica de los preceptos. Es el amor a Dios y al prójimo lo que da cumplimiento a todos los mandamientos. Y éste es el amor de Dios, su alegría: perdonar. ¡Nos espera siempre! Tal vez alguno en su corazón tiene algo grave: «Pero he hecho esto, he hecho aquello...». ¡Él te espera! Él es padre: ¡siempre nos espera!

Si nosotros vivimos según la ley «ojo por ojo, diente por diente», nunca salimos de la espiral del mal. El Maligno es listo, y nos hace creer que con nuestra justicia humana podemos salvarnos y salvar el mundo. En realidad sólo la justicia de Dios nos puede salvar. Y la justicia de Dios se ha revelado en la Cruz: la Cruz es el juicio de Dios sobre todos nosotros y sobre este mundo. ¿Pero cómo nos juzga Dios? ¡Dando la vida por nosotros! He aquí el acto supremo de justicia que ha vencido de una vez por todas al Príncipe de este mundo; y este acto supremo de justicia es precisamente también el acto supremo de misericordia. Jesús nos llama a todos a seguir este camino: «Sed misericordiosos, como vuestro Padre es misericordioso» (*Lc* 6, 36). Os pido algo, ahora. En silencio, todos, pensemos... que cada uno piense en una persona con la que no estamos bien, con la que estamos enfadados, a la que no queremos. Pensemos en esa persona y en silencio, en este momento, oremos por esta persona y seamos misericordiosos con esta persona".

Papa Francisco, Audiencia General, Plaza de San Pedro, 10 de septiembre de 2014

"El Papa Francisco, también nos dijo en la Plaza de San Pedro, en la Audiencia General celebrada el miércoles 10 de septiembre de 2014:

Queridos hermanos y hermanas, ¡buenos días!

En nuestro itinerario de catequesis sobre la Iglesia, nos estamos centrando en considerar que la Iglesia es madre. En el último encuentro hemos puesto de relieve cómo la Iglesia nos hace crecer y, con la luz y la fuerza de la Palabra de Dios, nos indica el camino de la salvación, y nos defiende del mal. Hoy quisiera destacar un aspecto especial de esta acción educativa de nuestra madre Iglesia, es decir cómo ella nos enseña las obras de misericordia.

Un buen educador apunta a lo esencial. No se pierde en los detalles, sino que quiere transmitir lo que verdaderamente cuenta para que el hijo o el discípulo encuentren el sentido y la alegría de vivir. Es la verdad. Y lo esencial, según el Evangelio, es la misericordia. Lo esencial del Evangelio es la misericordia. Dios envió a su Hijo, Dios se hizo hombre para salvarnos, es decir para darnos su misericordia. Lo dice claramente Jesús al resumir su enseñanza para los discípulos: «Sed misericordiosos, como vuestro Padre es misericordioso» (Lc 6, 36). ¿Puede existir un cristiano que no sea misericordioso? No. El cristiano necesariamente debe ser misericordioso, porque este es el centro del Evangelio. Y fiel a esta enseñanza, la Iglesia no puede más que repetir lo mismo a sus hijos: «Sed misericordiosos», como lo es el Padre, y como lo fue Jesús. Misericordia.

Y entonces la Iglesia se comporta como Jesús. No da lecciones teóricas sobre el amor, sobre la misericordia. No difunde en el mundo una filosofía, un camino de sabiduría... Cierto, el cristianismo es también todo esto, pero como consecuencia, por reflejo. La madre Iglesia, como Jesús, enseña con el ejemplo, y las palabras sirven para iluminar el significado de sus gestos.

La madre Iglesia nos enseña a dar de comer y de beber a quien tiene hambre y sed, a vestir a quien está desnudo. ¿Y cómo lo hace? Lo hace con el ejemplo de muchos santos y santas que hicieron esto de modo ejemplar; pero lo hace con el ejemplo de muchísimos padres y madres, que enseñan a sus hijos que lo que nos sobra a nosotros es para quien le falta lo necesario. Es importante saber esto. En las familias cristianas más sencillas ha sido siempre sagrada la regla de la hospitalidad: no falta nunca un plato y una cama para quien lo necesita. Una vez una mamá me contaba —en la otra diócesis— que quería enseñar esto a sus hijos y les decía que ayudaran a dar de comer a quien tiene hambre. Y tenía tres hijos. Y un día a la hora del almuerzo —el papá estaba en el trabajo, estaba ella con los tres hijos, pequeños, de 7, 5 y 4 años más o menos— y llamaron a la puerta: era un señor que pedía de comer. Y la mamá le dijo: «Espera un momento». Volvió a entrar y dijo a los hijos: «Hay un señor allí y pide de comer, ¿qué hacemos?». «Le damos, mamá, le damos». Cada uno tenía en el plato un bistec con patatas fritas. «Muy bien —dice la mamá—, tomemos la mitad de cada uno de vosotros, y le damos la mitad del bistec de cada uno de vosotros». «Ah no, mamá, así no está bien». «Es así, tú debes dar de lo tuyo». Y así esta mamá enseñó a los hijos a dar de comer de lo propio. Este es un buen ejemplo que me ayudó mucho. «Pero no me sobra nada...». «Da de lo tuyo». Así nos enseña la madre Iglesia. Y vosotras, muchas madres que estáis aquí, sabéis lo que tenéis que hacer para enseñar a vuestros hijos para que compartan sus cosas con quien tiene necesidad.

La madre Iglesia enseña a estar cerca de quien está enfermo. ¡Cuántos santos y santas sirvieron a Jesús de este modo! Y cuántos hombres y mujeres sencillos, cada día, ponen en práctica esta obra de misericordia en una habitación del hospital, o de un asilo, o en la propia casa, asistiendo a una persona enferma.

La madre Iglesia enseña a estar cerca de quien está en la cárcel. «Pero Padre no, esto es peligroso, es gente mala». Pero cada uno de nosotros es capaz... Oíd bien esto: cada uno de nosotros es capaz de hacer lo mismo que hizo ese hombre o esa mujer que está en la cárcel. Todos tenemos la capacidad de pecar y de hacer lo mismo, de equivocarnos en la vida. La misericordia supera todo muro, toda barrera, y te conduce a buscar siempre el rostro del hombre, de la persona. Y es la misericordia la que cambia el corazón y la vida, que puede regenerar a una persona y permitirle incorporarse de un modo nuevo en la sociedad.

La madre Iglesia enseña a estar cerca de quien está abandonado y muere solo. Es lo que hizo la beata Teresa por las calles de Calcuta; es lo que hicieron y hacen tantos cristianos que no tienen miedo de estrechar la mano a quien está por dejar este mundo. Y también aquí la misericordia dona la paz a quien parte y a quien permanece, haciéndonos sentir que Dios es más grande que la muerte, y que permaneciendo en Él incluso la última separación es un «hasta la vista»... Esto lo había entendido bien la beata Teresa. Le decían: «Madre, esto es perder tiempo». Encontraba gente moribunda por la calle, gente a la que empezaban a comer el cuerpo las ratas de la calle, y ella los llevaba a casa para que muriesen limpios, tranquilos, acariciados, en paz. Ellas les decía «hasta la vista», a todos estos... Y muchos hombres y mujeres como ella hicieron esto. Y ellos los esperan, allí [indica el cielo], en la puerta, para abrirles la puerta del Cielo. Ayudar a la gente a morir bien, en paz.

Queridos hermanos y hermanas, así la Iglesia es madre, enseñando a sus hijos las obras de misericordia. Ella aprendió de Jesús este camino, aprendió que esto es lo esencial para la salvación. No basta amar a quien nos ama. Jesús dice que esto lo hacen los paganos. No basta hacer el bien a quien nos hace el bien. Para cambiar el mundo en algo mejor es necesario hacer el bien a quien no es capaz de hacer lo mismo, como hizo el Padre con nosotros, dándonos a Jesús. ¿Cuánto hemos pagado nosotros por nuestra redención? Nada, todo es gratis. Hacer el bien sin esperar algo a cambio. Eso hizo el Padre con nosotros y nosotros debemos hacer lo mismo. Haz el bien y sigue adelante.

Qué hermoso es vivir en la Iglesia, en nuestra madre Iglesia que nos enseña estas cosas que nos ha enseñado Jesús. Damos gracias al Señor, que nos da la gracia de tener como madre a la Iglesia, ella que nos enseña el camino de la misericordia, que es la senda de la vida. Demos gracias al Señor."

Carta del Papa Francisco al Cardenal Mario Aurelio Poli, Gran Canciller de la Universidad Católica Argentina Marzo 9 del 2015

"Que la teología sea expresión de una Iglesia que es «hospital de campo», que vive su misión de salvación y curación en el mundo. La misericordia no es solo una actitud pastoral, sino la sustancia misma del Evangelio de Jesús. Les animo a que estudien cómo, en las diferentes disciplinas - dogmática, moral, espiritualidad, derecho, etc. - se puede reflejar la centralidad de la misericordia.

Sin misericordia, nuestra teología, nuestro derecho, nuestra pastoral, corren el riesgo de caer en la mezquindad burocrática o en la ideología, que por su propia naturaleza quiere domesticar el misterio. Comprender la teología es comprender a Dios, que es Amor."

Nuestra Iglesia nos pide que Amemos al Prójimo, a ese que está en el Mundo, y que seamos Misericordiosos, nuestra Iglesia no es ni de Derechas ni de Izquierdas, ni de Conservadores ni Liberales, nuestra Iglesia sigue los mandatos de Jesucristo y su mensaje es de Justicia y de Misericordia, pero en términos de Dios, no en términos de los humanos. Es deber del Cristiano ser Misericordioso con su prójimo, debemos hacerlo desde el corazón y convencidos de que estamos haciendo lo que Dios quiere que hagamos, Partamos siempre desde el principio de que fue El mismo quien dio el ejemplo, está en nosotros continuar con ese ejemplo, para que las próximas generaciones sean mejores que la nuestra. La Misericordia no se puede obligar, la Misericordia es un regalo de Dios, es una Gracia y los cristianos debemos suplicarle a Dios en nuestras oraciones, para que nos de ese regalo y podamos ser Cristianos Misericordiosos, para ser así realmente como el Padre quiere que seamos.

Este libro empezó con dos preguntas, y la respuesta a ambas es MISERICORDIA. La razón de haber escrito estas líneas fue para que el lector identifique que si tenemos el

Amor de Cristo en nuestros corazones, seremos capaces de tener su misma Compasión y podremos, como El, llevarla a la acción y ayudar al prójimo, haciendo de este Mundo un Mundo mejor para nosotros, nuestros hijos, nuestros nietos, nuestras comunidades, nuestros países, en fin, para todos.

Meditación de una Oración de San Padre Pío de Pietrelcina

Mientras escribía este libro, descubrí una Oración de San Padre Pío de Pietrelcina que me sirvió de gran inspiración: ***Mi pasado, oh Señor, en tu misericordia, mi presente en tu Amor, mi futuro en tu Providencia.***

Me parece bellísima y completísima esta oración, pasado, presente y futuro. Del pasado solo podemos ser como el hijo Prodigo, arrepentirnos por nuestros errores, Dios por el gran Amor que nos tiene, tendrá Compasión por nosotros que se convertirá en Misericordia a través del Perdón. Luego debemos pedir por el presente, y en el presente no debemos más que Amar como

Dios nos lo pidió, a El sobre todas las cosas y al Prójimo como a Ti mismo, para poder así tener Su Compasión y que esta se convierta en Actos de Misericordia con el Prójimo. Y finalmente, por el Futuro, para que lo nos toque vivir en el futuro no nos queda más que confiar en Su Providencia, o sea "Fiat", aceptar su Santa Voluntad y ya sabemos que Su Voluntad es el Amor y la Misericordia misma, como rezamos en la Coronilla de la Misericordia.

Luego de meditar mucho me atreví a alargar la oración del padre Pio solo un poco y así la comparto:

Señor,

Por el pasado te pido Misericordia,

Por el presente te Pido que me des Amor para Amarte sobre todas las cosas y para convertirlo en Misericordia al Prójimo.

Y Por el futuro te pido Fe, para aceptar Tu Santa Voluntad, que es el Amor y la Misericordia misma, Amen.

La Virgen María y la Misericordia

Que el ejemplo de humildad de la Santísima Virgen María nos ayude a entender La Misericordia, Ella que poco hablo, y que nos enseñó a través del ejemplo, nos dejó una canto a la humildad, un canto al Sí del servicio a Dios, La Virgen, en el Magníficat nos da una clara señal de lo que a Dios l e agrada, es por esa sencillez, humildad, Amor y entrega, que fue escogida templo viviente del Espíritu Santo y Madre de Dios. Les invito a deleitarse y discernir con el Canto de María, ahora que tenemos un conocimiento mayor acerca de la Misericordia como Centro del Cristianismo.

EL MAGNIFICAT

"Mi alma canta la grandeza del Señor,

- Lucas 1:47-56 *"y mi espíritu se estremecen de gozo en Dios, mi Salvador, porque él miró con bondad la pequeñez de su servidora.*

En adelante todas las generaciones me llamarán feliz, porque el Todopoderoso ha hecho en mí grandes cosas: ¡su Nombre es santo! Su misericordia se extiende de generación en generación sobre aquellos que lo temen. Desplegó la fuerza de su brazo, dispersó a los soberbios de corazón. Derribó a los poderosos de su trono y elevó a los humildes. Colmó de bienes a los hambrientos y despidió a los ricos con las manos vacías. Socorrió a Israel, su servidor, acordándose de su misericordia*, como lo había prometido a nuestros padres, en favor de Abraham y de su descendencia para siempre".*

María permaneció con Isabel unos tres meses y luego regresó a su casa."

Que el Amor y la Humildad de la Virgen María, nos ilumine siempre el camino hacia Jesús, Ella que por 9 meses tuvo dentro de sus Entrañas al Amor más puro, a Jesús, nos enseñe a Amar, con ese Amor que nace de las Entrañas y que la Virgen María vivió en carne propia, como nadie lo ha vivido, Ella, que todo lo guardaba en su Corazón y que aun habiendo visto a su Amado hijo ser martirizado, escupido, vejado, clavado en la Cruz, atravesado por una lanza, fue capaz de Perdonar, Ella, que vio morir a su propio hijo, sabiendo que era libre de toda culpa y que era hijo de Dios, Ella, la misma Virgen

María que cantó con gozo y gran humildad el Magnificat, Ella, que por ese Amor que nace de adentro, de las Entrañas y que solo Dios nos da, fue capaz de Perdonar y Amar.

Que sea la misma Santísima Virgen María, madre de la Misericordia, la que nos ilumine el camino a Jesús, Ella, modelo de las Obras de la Misericordia, que lo Perdono todo y que Ama e intercede por quienes Aman a su Amado hijo, nos enseñe a ser Misericordiosos con nuestro prójimo, para así llegar a ser uno mismo con Jesucristo nuestro Señor.

Que así sea, Amen.

Daniel G. Bravo

SAN MARCOS
DE LEON

www.ingramcontent.com/pod-product-compliance
Lightning Source LLC
Chambersburg PA
CBHW021910040426
42447CB00007B/787